# 管理智道

（美丽北仑 生态家园）

同心 著

浙江人民出版社

# 目录

# 第一部分

　　宁波市北仑区以其境内的深水港——北仑港而得名,北仑区位于浙江省东部,宁波市境东部,是中国重点沿海港口城市之一。东部峙头洋面与普陀区交界;南部梅山港洋面与普陀区、鄞州区交界;西部自甬江至象山港洋面与鄞州区接壤,陆地边界线勘定全长44千米;北部金塘洋面与定海区交接(大榭岛的行政区划界仍属北仑区)。东西长52千米,南北宽29千米,总面积857平方千米。

　　管理是对人的管理。人才是单位最宝贵的财富，能够经营好人才的单位才是最终的大赢家。

　　管理就是沟通、沟通、再沟通，管理的艺术在于沟通的技巧和真诚。管理从思想上来说是哲学的，从理论上来说是科学的，从操作上来说是艺术的。

　　管理员工的思想比管理员工的行为更重要。个人没目标会懒，团队没目标会散。管吃、管住、管工资，却不管员工的思想教育，这样的企业很危险。

卓有成效的管理者善于用人之长。对于不同的部下，应采取不同的管理方法，帮助部下扬长避短。

一 点 感 悟

彼此尊重，才能达到管理的最高境界。一个人的努力是加法效应，一个团队的努力是乘法效应。

　　员工执行力不好，管理者应做以下思考：不会做，是能力问题？不愿做，是心态问题？不敢做，是授权问题？没时间做，是计划问题？配合不好，是流程问题？

　　管理就是用合适的方法管人管事。管理者要了解部下的优缺点，充分发挥部下所长。不能容纳部下的管理者不是优秀的管理者。

　　管理者要把精力多用在引导员工的思维方式和反思自己的管理行为上，而不是专门盯着员工的行为和缺点。

　　制度管好人，流程管好事，团队打天下，管理定江山。没有工作成果，等于没有管理效果。

　　管理知识不等于管理能力。管理能力不等于管理素养。高层管理者做正确的事，中层管理者正确地做事，执行人员把事做正确。

　　赏功而不罚过，则乱；罚过而不赏功，亦乱。管理的目的是让单位有规则、有秩序。管理要赏罚分明，赏要由下往上赏，罚要由上往下罚。

　　领导要常常自省：谁信任你？谁跟随你？凭什么做领导？管理不是一味死板严格的"管"，而是充满爱心的"理"。

　　从管理的角度来讲，两点之间最短的距离不一定是一条直线，而是一条障碍最小的曲线。光鼓励员工勇往直前是不够的，还要培养员工在复杂、困难的环境下完成任务的勇气和智慧。

　　以人为本是管理的核心精神。抓好提高员工的素质工作，企业的力量自然会产生；不抓员工的素质工作，企业的力量就会越来越薄弱。

　　管理最好的状态是有序，最有效的手段是平衡，最高的境界是自然。

## 一点感悟

　　管理就是让员工知道管理者的规划，理解管理者的规划，明白管理者的实施计划和要求，同时通过利益维系彼此。

　　如果管理者在工作中失去冷静和忍耐，那么只会带来管理的恶果。只会用批评的口气去管理别人，往往是失败的管理者。对员工反应过激，甚至丧失理智，是不成熟的管理者。

　　优秀的管理者不会让员工觉得受到束缚或折磨。没有不适合的员工，只有不适合的管理者。不善于倾听不同的声音，是管理者最大的无能。

　　品是上下三个口，众人的口。管理者要修炼人品，达到"上善若水，厚德载物"的境界。

　　管理的最高境界是把不可能的事情变成可能。能够让员工把简单的事情认真地做好，就是不简单的管理。

# 第二部分

　　阿育王古寺坐落在穿山半岛主峰太白山北麓乌石岙内，寺院东南西三面环山，北向紧邻北仑区大碶街道嘉溪村。创建于西晋太康三年（282），距今已有 1700 多年的历史。寺内珍藏着一座闻名天下的佛祖舍利宝塔在中外佛教史上享有盛誉。1983 年，被国务院确定为汉族地区佛教全国重点寺院。寺院周边山清水秀，鸟语花香，景色宜人。

　　"天下大事，必作于细。"管理无小事，许多大事就在小事之中。小事做好了，才能成就大事。

　　任何时候，管理责任都有一个定量，任何一方如果承担过多的责任，另一方就会相应地减少责任。管理者不能把责任都推给部下，把功劳都归于自己。

　　管理不能只治标不治本。只有敢于正视问题、解决问题，企业才有发展的希望。

一点感悟

　　管理上再大的事情，一旦背离了做人的道德底线，就没有任何意义。管理者一定要把自己当人，而不要当神来看待；要把部下当人，而不要当奴隶来对待。

　　看书一般是从头开始，但经营管理恰好相反，先从结果开始，为达成目的而不懈努力。

一 点 感 悟

　　领导观念不变原地游，观念一变天地宽。不要抱怨
员工观念不转变，首先要检查自己有没有转变观念。

　　管理需要保持平和的心态：在人之下，以己为人；在人之上，以人为人。要经常问自己两个问题：是否把鼓励员工当作重要的工作？是否找到了最适合激励员工的方式？

　　管理者不应浪费时间去抱怨别人、斤斤计较、吹毛求疵，而应该多花时间去提高自己的道德修养和管理技能。

　　无法评估，就无法管理。无法衡量，就无法控制。个体执行力差，是个人的能力问题；整体执行力差，是企业的管理问题。

　　强求速度，追求效果，不讲究企业环境的营造以及管理方法和方式的改进，往往欲速则不达。成功始于每天进步一点点，卓越始于每天改变一点点。

一 点 感 悟

　　对上司谦逊，是一种本分；对同事谦逊，是一种素养；对下属谦逊，是一种尊重。

　　管理的秘诀：一是通过内部激励机制让员工的潜能发挥出来；二是创造良好的环境，让员工心情舒畅地工作。

　　优秀的管理者应具备"上善若水"的品格，无私地帮助、培养部下，而不是给部下设置障碍。

　　高明的管理者引导员工的思维，不高明的管理者时刻看管员工的行为。虽然员工素质低不是管理者的责任，但是不能提高员工的素质却是管理者的责任。

　　管理者要有尊重之心、期望之心、合作之心、沟通之心、服务之心、赏识之心、信任之心以及分享之心。

# 一点感悟

　　作为管理者，既要了解员工的短处，又要知道员工的长处。世界上没有十全十美的员工，要用欣赏的眼光看待员工。

　　管理者欣赏员工是一种境界，管理者善待员工是一种胸怀，管理者关心员工是一种品质，管理者理解员工是一种涵养，管理者帮助员工是一种快乐，管理者向员工学习是一种智慧。

　　一个能让下属主动"追随"的管理者，依靠的是个人魅力和领导力，而不是手中的权力。

出色的管理者善于尊重和关爱下属，懂得如何去团结与爱护朝夕相处、共同拼搏的"战友"。

　　出色的管理者往往遵章守纪，为人表率、身体力行，用自己的实际行动来影响和带动身边的人。

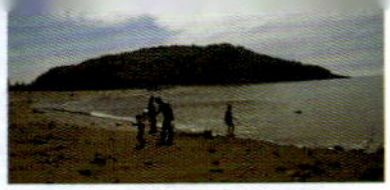

# 一点感悟

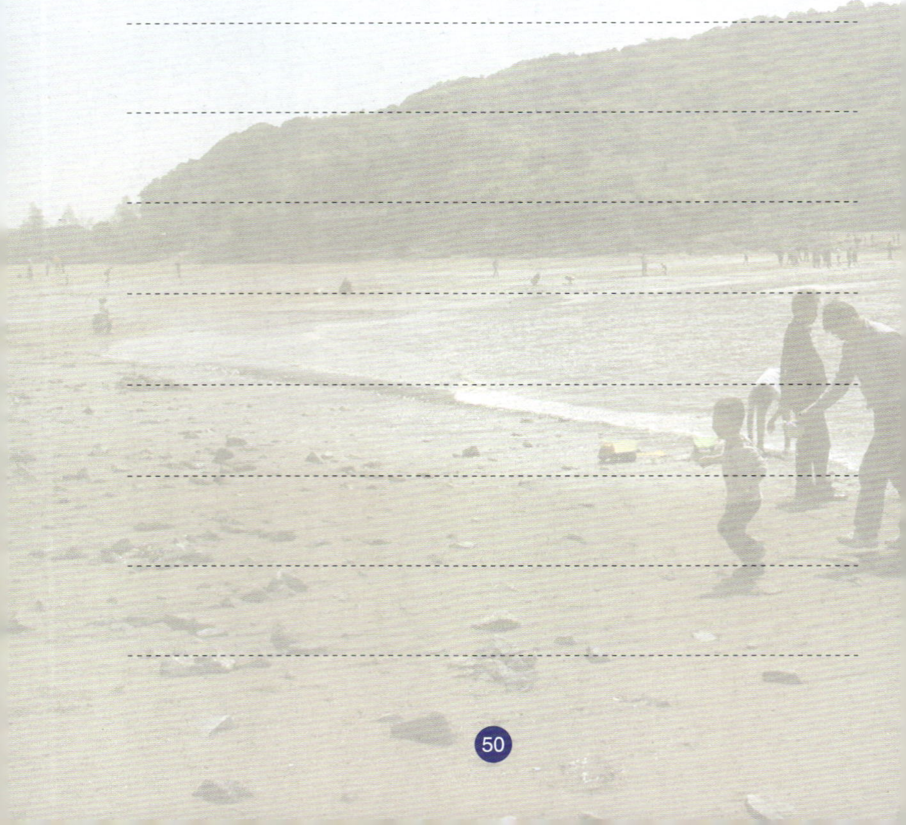

# 第三部分

　　北仑港区位于北仑区北部,金塘水道南岸,西起甬江口岸长跳嘴灯桩,东至梅山岛,深水岸线 120 千米以上,港域大部分水深 50 米以上,航道最窄处宽度 700 米以上。25 万吨级重载海轮可自由进出,30 万吨级可候潮出入。北仑港区已发展成由多座深水泊位组成的大型泊位群体,形成了综合性的深水大港,其中有矿石中转泊位、原油码头、国际集装箱泊位、煤炭专用泊位,以及由北仑电厂专用码头改造而成的长 200 余米的游客观光码头等。

管理的关键是人才管理，八分人才，九分使用，十分待遇。企业要做大，就要重视人才。

　　作为管理者，要亲贤臣、治小人。能用君子是人品，会用小人是智慧。团结不同的人，为企业所用，发挥众人所长。

　　赞美型管理者更有魅力，更能够成大事。看破不说破，是管理的艺术。批评使员工知道什么是错的，赞美则直接告诉员工什么是对的。

　　领导者对人才不应苛求完美，毕竟任何人都难免有些小毛病，只要无伤大雅，不必过分计较。

　　好的管理者是把出主意和用人有机地统一起来。能够真诚自然地实行管理行为，既能表现出宽广的胸怀，也能产生良好的效果。

一点感悟

　　管理者要有责任心。责任有多大，人生的舞台就有多大；责任感有多强，生命的价值就有多高。

　　管理者应尽量公正地待人处事。如果管理者对一切事情都能无私公正、守信用、有能力、有水平、对下级坦诚，员工就会尊重你、服从你。

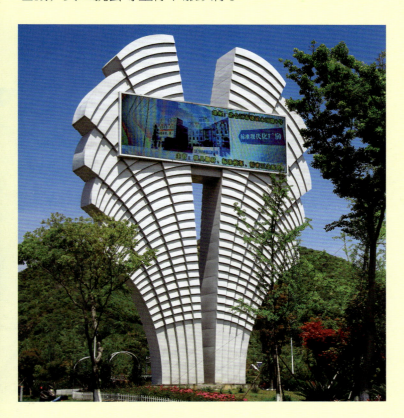

　　领导有权力命令部下做事，但若在分配工作任务的时候，能使部下心悦诚服地接受，则会事半功倍，产生理想的效果。

　　员工也希望参与制订计划和讨论。管理者应该发挥部下的积极性，凝聚众人的智慧。

　　平庸领导下跳棋，伟大领导下象棋。下象棋的精妙之处就在于，需要整合资源、协调作战。

一点感悟

　　管理者的自恋心态可能导致重大后果，比如制订不切实际的战略规划，使部属变得唯唯诺诺，等等，进而影响到企业的发展。

　　用人不疑，疑人不用。越是用挑剔的眼光盯着部下的缺点，就越会产生不信任感。

　　如果你认为当了管理者就可以随便给部下难堪，那么就要注意检讨和反省了，否则麻烦和灾难就会降临。

　　用好人才，管理好人才，是企业成功的关键。管理者唯有懂得欣赏不同员工的长处，才能领导和团结更多的人。

市场竞争，说到底是人才的竞争，也是员工素质的竞争。领导不能凭个人的好恶来用人，应该接纳与自己性格不合的人，并且尽量发挥其特长，做到人尽其才。

一点感悟

　　管理者如果"做一天和尚撞一天钟"，毫无责任感，那是企业的不幸。

　　管理者应重点进行问题管理，而不是危机管理。如果天天危机管理，企业也就快倒闭了。

要管理自己的行为，特别是给员工树立好的榜样。管理者应该给员工创造一个积极向上、充满活力、和谐融洽的氛围。

　　领导不等于高高在上，岗位的权力不等于你的能力和权威。表面的赞扬是暂时的，内心的敬重是永远的。

　　优秀的管理者懂得放弃完美，宽容对待员工，充分信任与授权，给员工锻炼的机会，帮助他们在实践中学习和成长。

# 第四部分

　　凤凰山主题乐园是 21 世纪高科技大型国际化主题公园，由"世界广场""魔幻村庄""凤凰城堡""探险旅程"四个主题园区构成，营造出"欢乐、时尚、惊喜、刺激"的游乐氛围。其中，"大舟冲浪"为目前国内唯一的双轨道冲水项目，"激流勇进"为目前世界上落差最大的漂流项目，"飞天凤凰"为目前亚洲环数最多、世界第二的八回转过山车，还有"自由落体""互动式射击小飞机""疯狂小巴士""扭转乾坤""醉酒桶""四维影院""儿童 F1""森林吉普车""泡球战城"等丰富多彩、老少皆宜的游乐项目。

　　管理者决不能搞小圈子，近小人，则会失人才，结果害人、害己、害事业。

　　授人以鱼，不如授人以渔。一个好的企业往往重视人才管理，重视员工素质培养。管理者不仅要教会员工工作技能，更要教会员工思考。

　　企业不能养着一群闲人，这种人整天喝着咖啡，聊着是非，不利于企业发展。

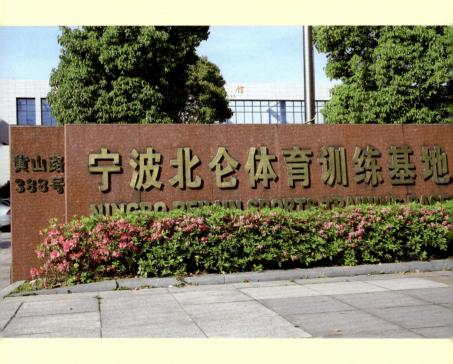

一点感悟

　　管理者最重要的是定位，定位往往决定未来的地位。定位不当，难有所成。

　　所见所闻改变一生，不知不觉错过一生。眼界决定宽度，观念决定高度，脚步决定速度，思想决定未来。

一点感悟

　　一个企业存在的问题，一部分是普通员工的责任，主要还是归咎于管理者和管理制度。

　　停止学习，就是梦想的结束。管理者不学习，将是团队的灾难。

　　开会不到位，永远学不会。所有成功的管理者都离
不开会议，所有成功者都会经营会议。

　　专业的事情必须专家来做。管理者必须尊重专家，学会倾听，让专家发挥特长。

　　高效执行力的三大要素：标准、制约、责任。也就是说，做事情要制订标准、形成制约、落实责任。

一点感悟

　　人在一起是团伙，心在一起才是团队。水的状态是温度决定的，人的状态是态度决定的。

　　人生最悲哀的是，自己在睡觉的时候，以为别人也在睡觉；自己在偷懒的时候，以为别人也在偷懒。

　　鼓励加赞美，平凡出奇迹。好的员工是鼓励出来的。管理者应发掘员工的优点和特长，并且经常进行表扬。

　　借力是取款，要想取款，得先存款。相互借力才叫合作，否则就是利用。

领导人的格局，就是团队的结局；领导人的资讯，就是团队的自信。

一点感悟

　　不怕成功人清高，就怕成功人弯腰。自以为"了不起"，就一定会"起不了"。

　　管理者要凡事积极主动、全力以赴、用心仔细、勇担责任。所有问题都有解决办法，没有做到是因为目前没有想到。

　　管理者只有人后非常努力，才能人前光鲜亮丽。只有三思而行、谨始慎终、深思熟虑，才能慎者受益、领导有方、受人尊重。

生命之所以伟大是因为有成长，灵魂之所以伟大是因为有信仰。管理者应洁身自好，严于律己，节欲莫贪。

团队各自责，天清地宁；团队各相责，天翻地覆。

一点感悟

# 第五部分

　　九峰山旅游区位于北仑区大碶、柴桥、霞浦三个街道和春晓镇接壤处。九峰山属天台山太白山支脉，叠峰连冈，奇峰挺九，因此得名。旅游区由网岙景区、瑞岩景区、乌岩下青少年野营区、城湾水库和九峰运动谷五组景区构成。这里山水、森林、峡谷、湖泊各具特色，游客可观光、可礼佛、可体验民俗，是休闲度假的绝佳去处。

　　满则招损，谦者受益。管理者的威信，不是岗位的权力带来的。优秀的管理者往往更平易近人、内外兼修、乐道人善。

　　管理者的勇气、信心和力量，决定团队的勇气、信心和力量。有志者，事竟成。志不立，天下无可成之事。管理者无志，企业无前途。

　　管理者不但要管理别人，更重要的是要学会管理自己，特别是管理好自己的内心。动生智，静生慧；静能生明，怒会伤身；静以修身，宁静致远。

　　管理就是把复杂的问题简单化，把混乱的事情规范化。事缓乃圆，好从慢得。从缓待变，应对自如。分析在先，决定在后。

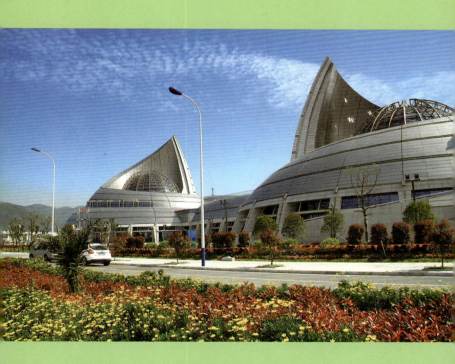

　　境界决定世界，态度决定一切，管理者的态度决定工作的成效。积极的态度是成功的法宝。

一点感悟

　　出现问题的时候，管理者要快速赶到"现场"去解决问题，处理矛盾。远程遥控指挥，问题只会越来越多。

　　既讲原则，也讲艺术。举止留心，内方外圆。保持原则和灵活，才能充分发挥管理才能。没有原则，只有灵活，就会出大问题。只有原则，没有灵活，工作不好开展。

　　要结果，不要理由。要效果，不要借口。有用的不是借口，而是解决问题的办法。命，是失败者的借口；运，是成功者的谦辞。

　　优秀的管理者自始至终把人性化管理放在第一位，尊重员工，激励员工，关爱员工。

生命只有努力出来的精彩，没有等待出来的灿烂。

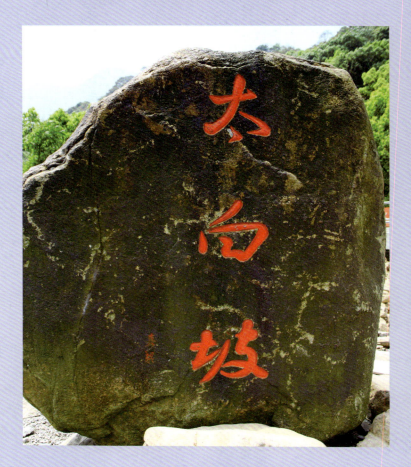

　　凡事都喜欢委婉沟通，就无法成为一位杰出的管理者。若以一种直接、真诚、坦率的方式进行沟通，效果或许会更好。

一 点 感 悟

　　好的管理，权力、责任、利益要分明，同时必须加强问责制度。好坏不分，奖惩不明，容易使团队失去凝聚力。

　　管理有如修塔，如果只想往上砌砖，而忘记打牢基础，总有一天会快速倒塌。

　　在管理中发展优秀的人才，并加以培养，这是管理者的责任。要在正确的时间，为单位的不同岗位，找到合适的人选。

　　一般来说，员工会优先做好要检查的工作，其次才是做被安排的其他工作。所以，加强检查比安排工作更重要。重用有执行力的员工，淘汰执行力不佳的员工。

# 一点感悟

　　海纳百川，有容乃大。管理者的心胸必须宽广，宽以待人，容人之短。心有多大，管理者的事就做多大。

　　执行力只有一个字——干，提高执行力法则 PDCA，即计划、实施、检讨、改善。好的执行力，就是会干事、会总结、有结果。

　　不写工作日志、不做工作计划的员工，不是好员工。没有计划的管理者，不是好管理者。

　　有魅力的管理者，部属执行力好；懂得激励的管理者，部属有激情。不要抱怨员工执行力不好，那是管理者的责任，必须自我检讨。

　　管理者的价值，体现在解决问题的能力上。管理者有能力不行动，等于没有价值。

图书在版编目（CIP）数据

管理智道. 美丽北仑　生态家园 / 同心著. —杭州：
浙江人民出版社，2016.2
ISBN 978-7-213-06934-5

Ⅰ.①管…　Ⅱ.①同…　Ⅲ.①管理学—通俗读物
Ⅳ.①C93-49

中国版本图书馆 CIP 数据核字（2015）第 248224 号

## 管理智道（美丽北仑　生态家园）

**作　　者：**同　心　著
**出版发行：**浙江人民出版社(杭州市体育场路 347 号　邮编　310006)
　　　　　　市场部电话：(0571)85061682　85176516
**集团网址：**浙江出版联合集团　http://www.zjcb.com
**责任编辑：**李　雯
**责任校对：**张志疆
**封面设计：**王　芸
**电脑制版：**杭州兴邦电子印务有限公司
**印　　刷：**浙江新华印刷技术有限公司
**开　　本：**787mm×1092mm　　1/32　　　**印　张：**4
**字　　数：**5 万　　　　　　　　　　　　**插　页：**4
**版　　次：**2016 年 2 月第 1 版　　　　　**印　次：**2016 年 2 月第 1 次印刷
**书　　号：**ISBN 978-7-213-06934-5
**定　　价：**37.00 元